1

Au supermarché

1 

Clément et son père viennent de se garer sur le parking du supermarché.

– Je peux pousser le caddie ? demande Clément.

– Oui, c'est ça, répond son père en riant, tu le pousses quand il est vide, et quand il sera bien rempli de courses, je me le coltinerai !

Clément s'amuse à foncer en zigzag comme s'il pilotait une Formule 1.

– Hé ! lui crie son père. Attends-moi !

Clément s'arrête et regarde machinalement de l'autre côté du parking.

Quelque chose a poussé sur le terrain vague. Quelque chose de nouveau, quelque chose d'extraordinaire…

Que voit Clément sur le terrain vague ?

Pour connaître la suite de l'histoire, entoure la bonne réponse. Clément conduit le caddie comme :

1. Une auto tamponneuse 2. Une voiture de course

Si tu as entouré le 1, ➡ LIS LE N° 5.
Si tu as entouré le 2, ➡ LIS LE N° 6.

2

Raté ! 2 × 4 = 8. Clément doit rapporter 12 yaourts. Repère la multiplication dont le résultat est égal à 12. → Refais l'exercice du n° 4.

3

Dommage ! 4 × 4 = 16. Récite la table de 4 et tu trouveras quel chiffre multiplié par 4 donne 12. → Refais l'exercice du n° 4.

4

Le père de Clément est plutôt furieux contre l'inconnu :

– Tu l'as à peine effleuré et il rouspète comme si tu lui avais cassé la jambe ! Un grand gaillard comme lui !

– C'est vrai, renchérit Clément. Non mais, quelle mauviette !

– En attendant, regarde où tu vas avec ton caddie, et que ça te serve de leçon !

Dans les allées du supermarché, le père de Clément consulte sa liste de courses :

– Voyons… Ah ! des yaourts ! Va les chercher, pendant que je m'occupe du jus d'orange.

– J'adore ceux avec les morceaux de fruits, s'écrie Clément. Je peux en prendre ?

– Si tu veux, répond son père. Mais pas plus de douze.

– Douze paquets ?

– Mais non, gros bêta ! Douze yaourts, ce sera suffisant.

Tandis que son père abandonne le caddie

pour aller chercher le jus d'orange, Clément revient déjà avec les yaourts.

– Jeune homme, dit doucement une voix, vous vous trompez de chariot.

Clément a failli déposer les yaourts dans le caddie d'une vieille dame aux longs cheveux blancs et au sourire triste.

Il s'apprête à mettre les yaourts dans le bon caddie, quand soudain la dame lui attrape la main gauche.

Que lui veut la vieille dame ?

Pour le découvrir, réponds à cette question.
Pour rapporter 12 yaourts en paquets de 4, quelle opération Clément doit-il faire ?

2×4 3×4 4×4

Si tu as choisi 2×4, ➡ Lis le n° 2.
Si tu as choisi 3×4, ➡ Lis le n° 7.
Si tu as choisi 4×4, ➡ Lis le n° 3.

5 

Ce n'est pas la bonne réponse. Une voiture de Formule 1 est une voiture de course. Allez, maintenant fonce et rends-toi au n° 6 !

6

Un chapiteau de cirque, un chapiteau rouge et jaune ! Au sommet de ses trois mâts, et le long des cordes qui maintiennent la toile, des drapeaux multicolores flottent au vent.

Des caravanes, rouges et jaunes elles aussi, sont garées non loin du chapiteau.

– Papa, papa ! On pourra y aller, au cirque ? Je suis sûr qu'il y a des dompteurs ! Et des jongleurs ! Et des trapézistes !

– Nous verrons cela plus tard, répond le père de Clément. Je te rappelle que nous avons les courses à faire d'abord. Allez, avance !

À contrecœur, Clément se remet à pousser le caddie. Il regarde toujours vers le chapiteau, quand soudain une voix rugit :

– Tu ne peux pas faire attention, non ?

L'homme que Clément vient de bousculer

est très en colère. Il porte un tee-shirt marqué CIRQUE ALZARED. Il a des épaules larges et des biceps de catcheur. Son crâne, lisse comme un caillou, luit sous le soleil, et il a une balafre au-dessus de l'oreille gauche. Mais le plus effrayant, ce sont ses yeux verts et féroces comme ceux d'un tigre enragé !

– Je m'excuse, bafouille Clément.

L'homme s'est déjà éloigné d'un pas vif…

Quel est cet homme bizarre ?

Pour le savoir, trouve le nom exact du cirque :

CIRQUE ALZARED CIRQUE ALZARAD

CIRQUE ELZERAD

Écris ta réponse :

[ ]

C'est ton PREMIER INDICE. N'oublie pas de le noter sur ta page-indices, p. 95.

Maintenant, **→ Lis le n° 4.**

7

Bravo ! Tu as trouvé la bonne réponse. Maintenant, pour connaître la suite des aventures de Clément, va vite au chapitre suivant !

2 

Attention danger !

1

Ne crains rien, dit la vieille dame, je vais te prédire ton avenir.

Elle doit être voyante au cirque, pense Clément qui se laisse faire.

– Je vois que tu meurs d'envie d'aller au spectacle de ce soir !

– C'est vrai ! s'étonne Clément, impressionné. Comment avez-vous deviné ?

– Je ne devine pas, moi. Je lis dans les lignes de ta main !

– Et que lisez-vous d'autre ? demande Clément, curieux d'en savoir davantage.

La dame change d'expression et ses yeux exorbités roulent comme des billes.

– Hou là là ! s'exclame-t-elle d'une voix de perruche.

– Quoi ? Qu'y a-t-il ? interroge Clément, inquiet d'un seul coup.

– Ton père…

– Quoi, mon père ?

– Je le vois, il est là, et il n'est plus là. Pfuitt, disparu, envolé, volatilisé !

Clément arrache sa main de celle de la vieille.

– Volatilisé ? s'affole-t-il en regardant autour de lui.

Le père de Clément a-t-il disparu ?

Pour le savoir, complète la symétrie de cette figure.

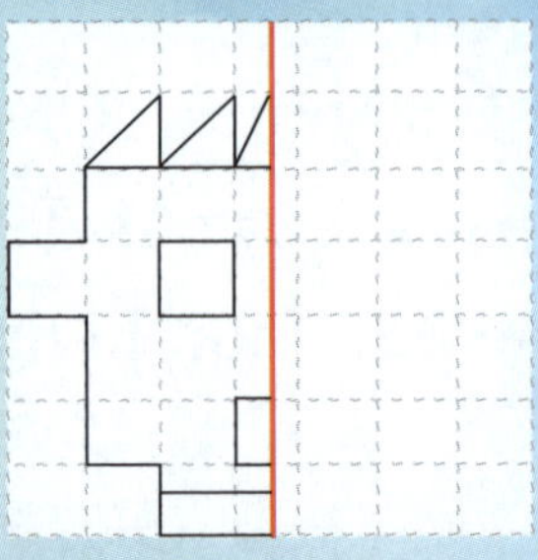

Maintenant, → **Lis le n° 4.**

mémo 17

2

Chapeau, tu lis très bien tous ces mots ! Maintenant, rends-toi vite au chapitre suivant !

3

Un peu plus tard, ils regagnent la voiture. Le père de Clément pousse le chariot en se plaignant :

– Qu'il est lourd, ce caddie !... On a fait des courses pour un régiment !

Il finit par s'arrêter pour se reposer un peu. Une des roulettes ne tourne pas très bien et c'est encore plus dur d'avancer. Rêveur, il regarde en direction du cirque :

– Les caisses ont l'air ouvertes. On va pouvoir réserver nos places dès qu'on aura chargé les courses dans le coffre.

Mais Clément repense aux paroles de la vieille dame à la voix de perruche : « Je le vois, il est là, et d'un coup il n'est plus là. Pfuitt, disparu, envolé, volatilisé ! »

Et si elle avait vraiment prédit l'avenir ? Si son père courait un réel danger ?

Du coup, Clément n'a plus très envie d'aller au cirque. Mais en même temps, quelle chance ce serait d'assister au spectacle, d'applaudir les artistes, d'entendre la musique, de rire avec les clowns !

Soudain, un bruit nouveau interrompt brutalement les pensées de Clément. Que se passe-t-il sur le parking ?

Pourquoi toute cette agitation ?

Pour le savoir, barre le mot intrus dans chaque colonne.

On entend [s] :	On entend [z] :	On entend [k] :
artiste	musique	caisse
pousser	reposer	cirque
réserver	disparu	chance

Si tu as barré les mots : réserver - disparu - chance,
➡ **LIS LE N° 2.**
Si tu as barré d'autres mots, ➡ **LIS LE N° 5.**

mémo 1

4

Heureusement, son père revient juste à ce moment-là, une bouteille de jus d'orange dans chaque main.

– Vous voyez bien qu'il est toujours là !

s'écrie Clément, soulagé.

Mais la dame ne peut pas l'entendre. C'est elle qui a… disparu. S'est-elle fondue dans la foule, ou bien Clément a-t-il eu une hallucination ?

Son père se fiche de lui :

– Tu discutes tout seul, à présent ?

Clément n'ose pas lui parler de cette étrange femme. Une folle sans doute…

– Et si on allait au cirque ce soir ? poursuit son père. Renseignons-nous sur les horaires.

Clément fait un petit signe de la tête, mais au

fond de lui, il ressent une angoisse qu'il ne parvient pas à chasser. Décidément, il n'arrive pas à oublier cette vieille femme et les choses mystérieuses qu'elle lui a confiées.

Cette vieille femme existe-t-elle vraiment ?

Pour connaître la suite de l'histoire, écris la bonne réponse.

« Avoir une hallucination » veut dire :

– voir quelque chose qui n'existe pas.
– voir en double.
– avoir très froid.

Écris ta réponse :

C'est ton DEUXIÈME INDICE. N'oublie pas de le noter sur ta page-indices, p. 95.

Maintenant, ➡ Lis le n° 3.

5 

Non, rappelle-toi : la lettre « s » se prononce [z] quand elle est placée entre deux voyelles. La lettre « c » se prononce [k] devant a, o, u et [s] devant e, i, y. → Refais l'exercice du n° 3.

3

Le Grand Alzared

1

C'est une grosse voiture couverte d'affiches. Elle passe lentement dans les allées. Une voix jaillit d'un haut-parleur fixé sur le toit :

– Mesdames, Messieurs, ce soir à 21 heures grand spectacle au cirque Alzared, avec Kaajar et ses lions indomptables, les clowns Matchou et Pitchou et aussi les Frères Volants, rois du trapèze. Mais surtout, surtout, venez applaudir le plus merveilleux, le plus génial, le plus fantastique, le plus extraordinaire des magiciens,

en un mot le Grand... Alzared lui-même ! Le spécialiste des disparitions !

Clément frémit aussitôt en entendant le mot « disparitions ».

Sur les affiches collées aux vitres et à la carrosserie de la voiture, il peut voir à quoi ressemble le magicien. Une moustache noire lui barre le visage et remonte de chaque côté du nez. Il porte un turban blanc orné d'un bijou en forme de serpent. Il a aussi un anneau d'or à l'oreille, mais le plus impressionnant ce sont ses grands yeux verts, des yeux de félin.

Clément voit cette affiche pour la première fois, et, cependant, il croit déjà connaître le Grand Alzared. L'aurait-il aperçu à la télévision ? Non, pourtant... Or, il lui semble avoir croisé le magicien il n'y a pas si longtemps...

Clément comprend alors d'un seul coup

pourquoi il a l'impression d'avoir déjà vu le Grand Alzared !

Où Clément a-t-il déjà vu ce curieux personnage ?

Pour le découvrir, réponds à cette question.
Si le spectacle commence à 21 heures, quelle est la pendule qui affiche la bonne heure ?

A B C

Si tu as choisi la pendule A, → LIS LE N° 8.
Si tu as choisi la pendule B, → LIS LE N° 7.
Si tu as choisi la pendule C, → LIS LE N° 5.

mémo 18

2

Attention ! Tu dois compter deux places enfants.
→ Refais l'exercice du n° 4.

3

Tu t'es trompé(e) ! Pour t'aider, récite l'alphabet et range ces mots au fur et à mesure selon leur première lettre. Si deux mots commencent par la même lettre, range-les selon l'ordre de leur deuxième lettre. → Refais l'exercice du n° 7.

4

– Tiens, tiens, le champion des caddies ! Comme on se retrouve !

L'homme au tee-shirt fixe Clément d'une drôle de façon.

– C'est comme ça que tu parles du Grand Alzared ? Ses tours sont truqués, hein ?…

Clément se sent plus mal à l'aise qu'un lapin dans la maison d'un chasseur. Et surtout, plus il regarde le bonhomme, et plus la ressemblance avec la photo du magicien sur les affiches est évidente ! Il n'a aucun mal à imaginer le conducteur de la voiture en Grand Alzared. Une fausse moustache, un turban, un anneau accroché à l'oreille, et le tour est joué !

Le regard ne trompe pas : les yeux du conducteur sont identiques à ceux du magicien de l'affiche. L'homme à la balafre et le « spécialiste des disparitions » ne sont qu'une seule et même personne ! Clément en est persuadé à présent.

L'homme se masse la cicatrice au-dessus de l'oreille gauche.

– Alors comme ça, mon garçon, tu ne crois pas à la magie ? poursuit-il. Eh bien, pour ton père et toi, le spectacle sera gratuit ce soir. Tu verras : je suis sûr que tu changeras d'avis !

Et il tend deux billets à Clément.

Clément va-t-il les accepter ?

Pour le savoir, calcule combien le père de Clément aurait payé s'ils étaient venus avec sa petite sœur :

1 ticket pour adulte = 11 euros

1 ticket pour enfant = 6 euros

Si tu as trouvé 17 euros, ➜ LIS LE N° 2.

Si tu as trouvé 23 euros, ➜ LIS LE N° 9.

5

Tu t'es trompé(e). La grande aiguille – celle qui indique les minutes – est bien placée, mais la petite aiguille ne l'est pas. → *Refais l'exercice du n° 1.*

6

Attention ! Les mots ***spectacle*** *et* ***séance*** *commencent par la même lettre ! Tu dois les ranger*

*selon leur deuxième lettre : s**é**ance et s**p**ectacle.*
→ *Refais l'exercice du n° 7.*

7

En réalité, le magicien sur l'affiche et l'homme à la cicatrice que Clément a bousculé tout à l'heure ont exactement le même regard !

– Si vous n'avez pas peur d'être coupé en morceaux ou changé en crocodile, poursuit la voix, rendez-vous ce soir sous le merveilleux chapiteau du Grand Alzared ! Le spectacle est vivement conseillé aux enfants comme aux parents. Venez nombreux !

Le père de Clément écoute l'annonce.

– N'hésitez pas à réserver vos places ! Et renseignez-vous sur les tarifs ! Nos caisses sont déjà ouvertes. La prochaine séance débutera à 21 heures.

Le père de Clément se frotte les mains :

– Nous avons le temps de rapporter les courses à la maison, de manger rapidement quelque chose et de revenir au spectacle. Qu'en dis-tu ?

Clément se demande s'il ne ferait pas mieux de tout dire et de parler de la vieille dame.

– Eh bien ? insiste son père. Ce magicien, cet Alzared, il a l'air formidable, non ?

– Tu parles ! Je suis sûr que ses tours sont truqués.

Clément a parlé sans trop réfléchir. Il n'a pas vu que la voiture ornée d'affiches avait fait demi-tour. Elle stoppe pile devant eux. Et Clément découvre avec frayeur le conducteur.

C'est l'homme à la cicatrice ! Il tient le

volant d'une main et son micro de l'autre. Et par la vitre baissée, il a entendu ce que Clément vient de dire à propos d'Alzared !

L'homme sera-t-il très en colère ?

Pour le savoir, range ces mots dans l'ordre alphabétique :

1 : spectacle 2 : cirque 3 : piste 4 : séance 5 : merveille

Si tu as trouvé : 2 - 5 - 3 - 4 - 1, → LIS LE N° 4.
Si tu as trouvé : 2 - 5 - 3 - 1 - 4, → LIS LE N° 6.
Si tu as trouvé une autre solution, → LIS LE N° 3.

mémo 3

8

Tu t'es trompé(e). La petite aiguille – celle qui indique les heures – est bien placée, mais la grande aiguille ne l'est pas. → Refais l'exercice du n° 1.

9

– Hé ! Ho ! s'énerve le père de Clément. Prends-les, ces billets, tu vois bien que le monsieur nous les offre. Et dis plutôt merci.

Clément saisit les billets d'une main mal assurée. L'homme éclate d'un rire grinçant :

– Tu verras si la magie est aussi nulle que tu le prétends, insiste-t-il. Parce que tu viendras, n'est-ce pas ? Je peux compter sur toi… et sur ton papa ?

C'est presque un ordre et Clément se sent obligé de dire oui.

L'homme redémarre et se remet à vociférer dans son micro.

Clément regarde son père. Il n'a pas l'air inquiet le moins du monde, lui. Au contraire, il jubile :

– Je suis content que tu aies accepté ! Il y a tellement longtemps que je ne suis pas allé au cirque ! Et celui-là m'a l'air fantastique !

Pour ne pas rater le début du spectacle, Clément et son père rangent vite les courses à la maison, puis ils préparent deux sandwiches qu'ils dévorent dans la voiture.

– Tu ne trouves pas ça bizarre qu'il nous ait donné des places gratuites ? demande Clément.

Son père n'est pas d'accord :

– De quoi te plains-tu ? Au contraire ! Je trouve ça très aimable de sa part. Il s'était un peu énervé quand tu l'as bousculé avec le chariot, alors il a tenu à se faire pardonner. Il n'y a rien d'anormal à cela.

Rien d'anormal ? Clément est désespéré. Son père ne se doute de rien, il ne s'est même pas aperçu de la ressemblance entre l'homme à la cicatrice et le Grand Alzared…

Le père de Clément est-il en danger ?

Pour le savoir, découvre le message codé que t'adresse Clément. Supprime une lettre sur deux en commençant par barrer le A et recopie ensuite les lettres que tu as gardées.

AQEUDETLALREOHEIPSNTAORIHRZEL!

Écris ta réponse :

C'est ton TROISIÈME INDICE. N'oublie pas de le noter sur ta page-indices, p. 95.
Maintenant, va vite au chapitre suivant pour connaître la suite de l'histoire !

mémo 6

Disparition à la ménagerie

1

Beaucoup de voitures sont garées près du chapiteau. Les gens affluent déjà. Ils viennent en avance, comme Clément et son père, pour visiter la ménagerie.

– Les animaux ont l'air bien soigné, remarque le père de Clément.

Le jeune garçon est d'accord. Trois gros lions vont et viennent dans une cage aux barreaux d'acier. Ils ont une crinière magnifique.

– J'aimerais bien les caresser ! soupire Clément.

Son père le regarde, ahuri :

– Si quelqu'un entrait dans la cage, il serait dévoré instantanément, affirme-t-il.

– Je le sais bien ! dit Clément. Sauf leur dompteur…

Justement, voilà Kaajar le dompteur ! Il apporte un gigantesque quartier de viande rouge, tellement gros qu'il ne passe pas à travers les barreaux. Les lions ont senti le sang frais. Ils tournent de plus en plus nerveusement contre les parois de leur cage. Ils tentent de passer leurs pattes aux griffes pointues et rugissent férocement…

Mais que veulent donc ces lions ?

Pour le découvrir, réponds à cette question.

Quel animal de la ménagerie ne mange pas de viande ?

A. La lionne
B. Le tigre
C. Le chameau
D. La panthère

Si tu as répondu C, ➨ LIS LE N° 5.
Si tu as choisi une autre réponse, ➨ LIS LE N° 6.

mémo 19

2

Sois vigilant(e) ! Tu as confondu à chaque fois le genre du sujet. Pour t'aider, le pronom personnel qui remplace le sujet « les lions » est « ils ».

→ *Refais vite l'exercice du n° 5.*

3

Face à lui, une femme à barbe ! Elle rit de bon cœur de la surprise du jeune garçon !

– Vous… vous n'avez pas vu mon père ? lui demande Clément, un peu honteux d'avoir réagi aussi stupidement.

– Et comment je le reconnaîtrais ? répond la femme à barbe d'une voix haut perchée.

Clément ne sait pas très bien comment décrire son père :

– Euh… il est brun comme vous, mais

il n'a pas de barbe, ajoute-t-il, très confus.

Les gens s'esclaffent autour de lui.

– Tant pis pour lui ! claironne la femme en se caressant les joues et le menton. Moi, j'en ai une, et une belle ! Elle pousse d'un centimètre par jour ! Qu'est-ce que vous dites de ça ?

Les badauds s'extasient et lui posent des questions.

Clément n'en peut plus de toute cette foule. Il se fiche bien de savoir à quelle vitesse poussent les poils de la femme, et si elle était déjà barbue à l'âge de huit ans. Ce qu'il veut, c'est retrouver son père. Les paroles de la vieille femme du supermarché ne cessent de le hanter : « Pfuitt, disparu, envolé, volatilisé ! »…

De plus en plus de gens l'entourent. Les fauves excités s'agitent dans les cages. Clément en a assez, il ne peut ni avancer ni reculer. Il suffoque. La tête lui tourne, il va tomber, perdre connaissance…

– Hé, petit, fait une voix. Moi, je sais où est ton père !

Clément a beau regarder d'un côté, de l'autre, il ne voit personne !

Qui l'appelle ?

Pour le savoir, indique pourquoi Clément se sent mal.

– Parce qu'il y a trop de monde.
– Parce qu'il fait trop sombre.
– Parce qu'il a trop mangé.

Écris ta réponse :

C'est ton QUATRIÈME INDICE. N'oublie pas de le noter sur ta page-indices, p. 95. Maintenant, → LIS LE N° 7.

4

Attention ! Pour choisir le bon pronom, demande-toi si le sujet est féminin ou masculin et s'il est singulier ou pluriel. → Refais l'exercice du n° 5.

5

– Sacha et Boulba ! Calme ! ordonne Kaajar en repoussant les fauves avec un bâton.

Les lions reculent. Leur maître ouvre un bref instant la porte de la cage pour y jeter la nourriture. Les lions se précipitent sur le morceau de viande qu'ils commencent à déchiqueter de leurs crocs acérés.

– Alors, demande le père de Clément, tu as toujours envie de les caresser ?

– Euuuh nooon, merci ! dit Clément d'un air effrayé.

Pour se donner de l'assurance, il fait semblant de rugir en ouvrant très grand la bouche :

– Grhhh ! Grhhh ! Je suis le roi de la jungle. Pas vrai, papa ?

Mais il n'obtient pas de réponse. Son père n'est plus là. Où est-il passé ? Occupé à regarder les animaux, Clément a dû s'éloigner de lui. La foule est dense auprès des cages. Il est facile de se perdre de vue.

Et si son père avait… Oh, non ! Clément ne veut pas penser à la vieille du supermarché.

À quelques mètres de là, une femme en costume de cirque se tient près de l'entrée de la ménagerie. Elle a peut-être vu passer son père.

– Madame ! l'interpelle Clément.

La dame se retourne. Clément pousse un cri de stupeur !

Pourquoi Clément est-il si effrayé ?

Tu le sauras en remplaçant chaque sujet souligné par un pronom personnel.
Entoure la bonne réponse pour chacune des phrases ci-dessous :

– Les lions reculent : **il** - **ils** - **elles** reculent.
– Leur maître ouvre la porte : **il** - **ils** - **elle** ouvre.
– Une femme regarde Clément : **il** - **elle** - **elles** regarde Clément.

Si tu as entouré « ils », « il », « elle », ➡ LIS LE N° 3.
Si tu as entouré « elles », « elle », « il », ➡ LIS LE N° 2.
Si tu as entouré d'autres pronoms, ➡ LIS LE N° 4.

mémo 8

6

Raté ! Un seul de ces animaux n'est pas un carnivore, mais un herbivore. → Refais vite l'exercice du n° 1.

7

Pour découvrir le monde merveilleux du cirque Alzared, va vite au chapitre suivant !

5

Obi et Esméralda

1

Une main secoue la jambe de son pantalon. Clément baisse les yeux et découvre… un nain !

– Je ne vous avais pas vu, s'excuse Clément.

– Tu m'étonnes ! Je suis plus petit que toi. Combien mesures-tu ?

– 1 m 25.

– Cela fait 19 centimètres de différence. Un vrai géant ! rigole le nain. Allez viens, on étouffe dans cette forêt de jambes. Je m'appelle Obi, et toi ?

– Clément.

Obi écarte un ballot de paille qui bloquait le chemin et entraîne Clément sous la cage des tigres. Ils se retrouvent bientôt dans un endroit tranquille et frais, au milieu des caravanes. Des artistes en costume de scène s'échauffent pour leur numéro. Certains font des étirements, des roulades, pendant que d'autres marchent sur une main.

Clément regarde Obi. Le nain porte lui aussi un bel habit, et un chapeau haut de forme.

– C'est moi qui présente le spectacle, dit-il fièrement. Tu me verras tout à l'heure.

– Comment savez-vous que je cherche mon père ? lui demande Clément. Où est-il passé ?

Obi sait-il quelque chose ?

Pour le découvrir, entoure l'opération qui te permet de calculer la taille du nain.
(Clément mesure 1 m 25, soit 125 cm.)

125 + 19 125 – 19 125 x 19

Si tu as entouré : 125 + 19, ➡ Lis le n° 3.
Si tu as entouré : 125 – 19, ➡ Lis le n° 6.
Si tu as entouré : 125 x 19, ➡ Lis le n° 7.

mémo 14

2

Tu as trouvé ***haut, derrière, faux*** *et* ***méchant*** *?*
Félicitations ! Et maintenant, va vite au n° 8 !

3

L'addition n'est pas l'opération qui convient pour calculer une différence. → Refais l'exercice du n° 1.

4

Heureusement, quelques minutes plus tard, Clément parvient non loin de l'entrée du chapiteau. Il y a là une petite roulotte décorée d'ampoules de toutes les couleurs. Elle brille comme un sapin de Noël !

Des lettres en tubes de néon clignotent sur son toit. On peut lire : « Esméralda », et en plus petit : « Tarots, Lignes de la main, Boule de cristal ».

Ça alors, une voyante ! Et si cette Esméralda était la vieille du supermarché ?

Prudemment, Clément s'approche de la roulotte. Une femme en habits de gitane est assise sur les marches. Ce n'est pas la dame du supermarché. Celle-ci est jeune et belle.

– Pourquoi me regardes-tu ainsi, joli garçon ? demande-t-elle. Veux-tu que je te prédise l'avenir ?

Clément hésite.

– Donne-moi ta main gauche, insiste Esméralda. C'est celle du cœur.

– Quelqu'un m'a déjà lu les lignes de la main, dit Clément. Une vieille femme, tout à l'heure.

– Ce n'est pas une vraie voyante, alors. En tous cas, elle ne travaille pas au cirque Alzared. Ici, il n'y a que moi qui prédis l'avenir. Pour toi, ce sera gratuit, car tu as l'air gentil.

Le cœur battant, Clément tend sa main gauche.

– Oh toi, tu t'appelles… Clément ! Et tu es à la recherche de ton père !

Il sursaute.

– C'est la vérité ! s'écrie-t-il les yeux brillants.

Comment Esméralda a-t-elle deviné ?

Pour le découvrir, sois bien vigilant.

Dans cette grille, se cachent les contraires de ces mots :
droite - bas - devant - vrai - gentil
Le magicien a déjà trouvé le premier. Repère les autres et entoure-les dans la grille.

D	E	R	R	I	E	R	E	M
O	H	E	G	J	K	L	O	E
G	**A**	**U**	**C**	**H**	**E**	Y	T	C
O	U	R	Q	F	C	B	K	H
P	T	J	K	Y	E	V	B	A
I	T	F	A	U	X	F	K	N
J	X	V	B	J	O	E	T	T

Pour savoir si tu as trouvé tous les contraires,
➡ **Lis le n° 2.**

mémo 5

5

Non, tu as dû te perdre en chemin ! Chaque flèche te fait faire un pas : ▶ un pas vers la droite, ▼ un pas vers le bas, ◀ un pas vers la gauche, ▲ un pas vers le haut. Pour t'aider, la première flèche t'emmène dans la case (C,1) → Refais l'exercice du n° 6.

6

Obi éclate de rire :

– Hou la, mon garçon ! répond-il. Une seule question à la fois ! Comment je sais que tu cherches ton père ? Facile ! Je t'ai entendu en parler à Doris.

– Doris ?

– Ben oui, la femme à barbe. Et où se trouve-t-il ? À vrai dire, je n'en sais rien, mais il ne doit pas être bien loin et je connais un excellent moyen de le retrouver. On va passer une annonce au micro !

– Comme dans les supermarchés ?

– Tout juste ! « Le petit Clément attend son papa à l'entrée du chapiteau. » Qu'est-ce que tu en penses ?

– Je préférerais « le jeune Clément »…

– Tu as raison, reconnaît Obi qui doit lever les yeux pour lui parler. Mais il n'y a pas de honte à être petit ! Pour l'annonce, ne t'inquiète pas, je m'en occupe. Toi, cours vite à l'entrée du chapiteau.

Clément est perdu au milieu de toutes ces caravanes.

– Je ne trouverai pas mon chemin, se désole-t-il.

– C'est vrai que c'est un peu compliqué, admet Obi.

Le nain se penche alors en avant et ramasse un vieux morceau d'affiche :

– Je vais te dessiner un plan.

Clément remercie chaleureusement Obi et ils se séparent après une bonne poignée de mains. Pourtant, quand Clément regarde autour de lui et qu'il voit toutes ces roulottes et toutes ces cages, il a l'impression d'être au cœur d'un labyrinthe.

Clément va-t-il trouver son chemin ?

Pour le savoir, fais cet exercice :

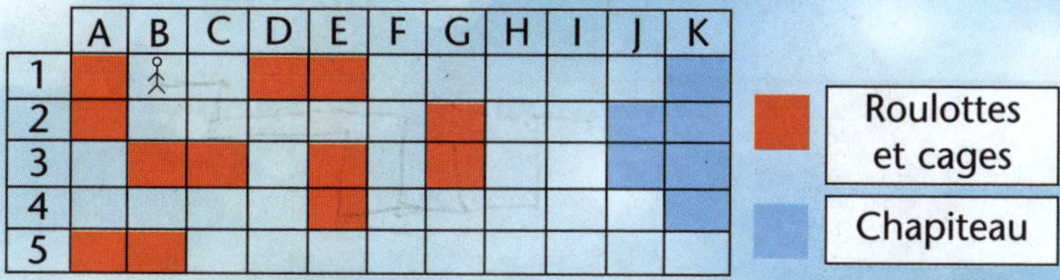

Au départ, Clément se trouve dans la case (B, 1). Trace sur le plan, le chemin qu'il suit en t'aidant des flèches ci-dessous. La dernière de ces flèches t'indique dans quelle case Clément retrouve son père.

▶	▼	▶	▶	▶	▼	▼	▶	▶	▲	▲	▶

Dans quelle case Clément retrouve-t-il son père ?
Écris ta réponse :

Si tu as trouvé la case (I, 2), ➔ Lis le n° 4.
Si tu es arrivé(e) autre part, ➔ Lis le n° 5.

mémo 16

7

La multiplication est une « addition déguisée » : 125 × 19 c'est 125 + 125 + … 19 fois ! Ce nain serait alors un géant ! → Refais l'exercice du n° 1.

8

Esméralda pouffe de rire.

– Ce n'était pas bien difficile ! Tu n'entends pas l'annonce ?

Clément prête l'oreille.

« Je répète : le petit, je veux dire le jeune Clément attend son papa à l'entrée du chapiteau… », annonce la voix d'Obi dans les haut-parleurs.

– Va vite ! lui conseille Esméralda. Ne perds pas de temps, ton père est peut-être déjà là-bas. Le spectacle va commencer, et je te prédis une chose : tu vas passer une excellente soirée !

Réconforté, Clément remercie la jeune fille et se hâte vers l'entrée du chapiteau.

Il est presque arrivé quand une grosse main l'agrippe tout à coup à l'épaule, l'empêchant d'avancer.

Clément va-t-il enfin retrouver son père ?

Pour le savoir, déchiffre ce rébus : où travaille Esméralda ?

Écris ta réponse :

C'est ton CINQUIÈME INDICE. N'oublie pas de le noter sur ta page-indices, p. 95. Maintenant, pour assister au spectacle, rends-toi vite au chapitre suivant !

6

Que le spectacle commence !

1

Tiens, tiens ! Revoilà notre champion des caddies !

C'est Alzared, l'homme à la cicatrice !

Drôle de magicien tout de même : il n'a pas encore revêtu son costume à paillettes, il ne s'est pas maquillé, il n'a pas collé ses fausses moustaches. Pourtant le spectacle va bientôt commencer ! Alzared devrait être dans sa loge en train de se préparer ! Que fait-il donc ici ? Clément se pose toutes sortes de questions et imagine les histoires les plus folles. Son esprit fonctionne à cent à l'heure. C'est alors que le magicien le fixe avec ses yeux extraordinaires, ses yeux verts de tigre qui brillent comme des

bijoux maléfiques :

– J'ai une surprise pour toi, affirme Alzared dans un étrange sourire.

L'homme a beau lui sourire, Clément ignore s'il s'agit d'une bonne ou d'une mauvaise surprise. Son cœur se serre : il s'attend au pire.

Quelle surprise réserve Alzared à Clément ?

Pour le savoir, réponds à cette question : pourquoi Clément trouve-t-il qu'Alzared est si étrange?

1. Parce qu'il porte une barbe.
2. Parce qu'il ne porte pas encore son habit de scène.
3. Parce qu'il s'est mis du rouge à lèvres.

Si tu as choisi la réponse 1, ➜ LIS LE N° 5.
Si tu as choisi la réponse 2, ➜ LIS LE N° 6.
Si tu as choisi la réponse 3, ➜ LIS LE N° 3.

2

Si tu as bien déchiffré le code, tu as trouvé : ***toit*****,** ***coup*** *et* ***paire****. Bravo !* → *Rends-toi vite au n° 4.*

3

Non, relis le texte et tu verras qu'Alzared ne s'est pas encore maquillé. → *Refais l'exercice du n° 1.*

4

C'est Obi ! Tout en présentant les numéros, le nain se tient en équilibre sur une boule géante qu'il fait rouler lentement sur le bord de la piste. Un projecteur le suit. Obi est magnifique dans ce rond de lumière. Son habit scintille, comme recouvert de diamants.

– Oui, je le connais ! répète Clément, tout fier. J'ai parlé avec lui tout à l'heure !

– Et maintenant, poursuit Obi, place à Kaajar, le dompteur de fauves !

Le spectacle se déroule comme dans un rêve. Clément est fasciné par les numéros qui se succèdent. Les clowns Matchou et Pitchou le font rire aux larmes quand ils se tapent dessus avec des raquettes géantes. La jolie Zabelle jongle avec six torches enflammées. Elle va si vite qu'on a l'impression que les torches restent suspendues en l'air ! Et quand les Frères Volants entrent en piste, Clément en a la chair

de poule. Les rois du trapèze s'élancent dans le vide et multiplient les sauts périlleux. À un moment, l'un d'eux manque de tomber. Au dernier moment, il se rattrape à temps aux jambes de son partenaire !

Clément n'en peut plus d'applaudir.

Le spectacle est presque terminé à présent. Un roulement de tambour retentit.

– Mesdames et Messieurs, mes chers enfants, lance solennellement Obi, j'espère que vous avez tous passé un excellent moment et que le spectacle vous a plu. Mais voici, pour finir la soirée, celui que vous attendez tous : le célèbre, l'immense, le Grand Alzared et son extraordinaire numéro de magie !

La lumière des projecteurs diminue lentement, la musique baisse et puis s'éteint. Le chapiteau devient noir et silencieux comme un tombeau. Les spectateurs retiennent leur souffle. Clément sent les battements de son cœur s'accélérer. Il rapproche instinctivement sa chaise de celle de son père.

Quels tours de magie attendent Clément ?

Pour le savoir, retrouve dans quel ordre sont apparus ces personnages durant le spectacle, puis écris la lettre placée devant chacun d'entre eux et tu découvriras un mot mystérieux.

G : les clowns   I : une jongleuse   A : un dompteur

E : les trapézistes   M : un nain présentateur

n° 1 : ☐   n° 2 : ☐   n° 3 : ☐

n° 4 : ☐   n° 5 : ☐

Recopie ce mot :

☐

C'est ton SIXIÈME INDICE. N'oublie pas de le noter sur ta page-indices, p. 95.

Maintenant, → LIS LE N° 7.

5

Non, tu t'es trompé(e) ! Dans le texte, on parle de moustaches. → Refais l'exercice du n° 1.

6

– Rassure-toi mon garçon, je viens de voir passer ton père, reprend Alzared. Il a entendu l'annonce. Va vite le rejoindre !

Clément se précipite. Quand il retrouve enfin son père, il lui saute au cou et lui demande :

– Mais enfin papa, où étais-tu passé ?

– Je te renvoie la question, bonhomme ! La foule a dû nous séparer. Allez, dépêchons-nous, il est temps d'entrer !

Le chapiteau n'est pas grand, et il est plein. Clément et son père s'installent au premier rang, tout près de la piste.

Des haut-parleurs diffusent de la musique orientale.

– Tu reconnais cet instrument ? demande le père de Clément. C'est un sitar, un instrument indien.

Son père est passionné de musique. Mais à

l'instant présent, Clément se fiche pas mal des sitars. Il n'a plus qu'une envie maintenant : que le spectacle commence !

Le premier numéro présentera les lions et les tigres, ce n'est pas difficile à deviner : une grande cage remplit toute la piste.

Une vraie musique de cirque retentit alors, avec des trompettes et des tambours. Les gens applaudissent en rythme.

– Mesdames et Messieurs, et chers enfants, bienvenue au cirque Alzared !

– Le présentateur! s'écrie Clément. Je le reconnais…

Qui apparaît sur la piste ?

Pour découvrir le visage du présentateur, déchiffre ce code en trouvant les homonymes des mots soulignés dans le texte.

ρ	μ	ψ	π	δ	ϖ	θ	Ω	ϕ
a	e	i	o	u	c	p	r	t

L'homonyme de **toi** est ϕπψϕ : ....

L'homonyme de **cou** est ϖπδθ : ....

L'homonyme de **père** est θρψΩμ : ....

Pour savoir si tu as réussi cet exercice,

➡ **Lis le n° 2.**

mémo 4

7 

Maintenant, pour découvrir les incroyables tours de magie qui attendent Clément, va vite au chapitre suivant !

7

Le numéro de magie

1

Tout à coup, la lumière jaillit, et Alzared apparaît devant eux. Il est plus impressionnant encore que sur les affiches. Il a revêtu une tunique blanche brodée d'or et d'argent, et sur sa poitrine pendent d'innombrables colliers, pendentifs et médaillons ornés de joyaux. Il salue les gens en écartant les bras en triomphe. Il agite ses doigts où scintillent des bagues serties de pierres précieuses.

Admiratif, le public n'ose applaudir franchement. Alors le magicien écarte davantage les bras, lève encore plus haut la tête et écarquille démesurément ses grands yeux de tigre. Cela déclenche un tonnerre d'applaudissements.

Alzared se tient à quelques mètres de Clément. Le garçon tremble devant lui. Mais, n'empêche, il est heureux d'être là. Le spectacle a été formidable jusqu'à maintenant. Le numéro de magie va être sensationnel aussi. En plus, quelle chance d'être aussi près de la piste !

Clément se tourne alors vers son père. Il veut lui dire qu'il ne regrette pas d'être venu, mais son sang se glace.

La chaise est vide !

Qui a fait disparaître le père de Clément ?

Tu le découvriras en reconnaissant un des bijoux du magicien.

Lis bien la description du pendentif et colorie le bon.

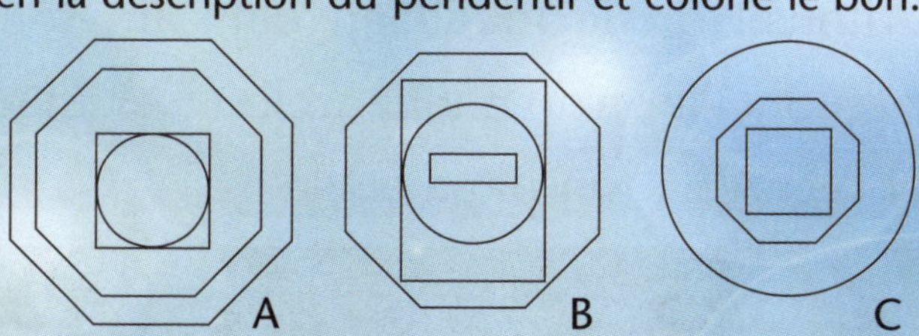

Ce pendentif est composé d'un rond dans un carré.

Si tu as colorié le A, ➡ LIS LE N° 5.
Si tu as colorié le B, ➡ LIS LE N° 7.
Si tu as colorié le C, ➡ LIS LE N° 4.

mémo 15

2

Tu t'es trompé(e) ! Pour t'aider, commence la phrase 1 avec « maintenant », la phrase 2 avec « plus tard » et la phrase 3 avec « avant ». → Refais l'exercice du n° 5.

3

La vieille dame du supermarché est assise juste derrière lui. Est-elle la complice d'Alzared ? Clément est désespéré.

Il cherche Obi des yeux. Peut-être pourrait-il l'aider ? Le nain se tient debout, les bras croisés, près du rideau de fond de scène. Il adresse à Clément un geste d'impuissance. Non, il ne peut rien pour lui, il ne peut pas intervenir dans le numéro d'Alzared.

– Allons ! dit le magicien dans un sourire. Ce garçon a l'air trop malheureux. Ne t'inquiète pas et regarde : ton papa est là.

Et en effet, le père de Clément regagne sa place. Il est confus. Il fait signe qu'il s'était juste éloigné pour répondre au téléphone.

– Fichu portable ! grommelle-t-il.

– Tu m'as fait une de ces frousses ! lui reproche Clément.

Le public comprend que le numéro n'a pas encore commencé. Le magicien a juste profité de la situation. Quand il a vu s'éloigner le père de Clément, il a eu l'idée de cette blague. Les gens applaudissent quand même, mais Alzared les stoppe net :

– Et maintenant, tonne-t-il, place à la vraie magie !

Quels numéros incroyables prépare Alzared ?

Pour le savoir, classe ces tickets de cirque en ordre croissant :

423 - 325 - 532 - 425 - 301 - 492

.... < .... < .... < .... < .... < ....

Pour savoir si tu as réussi l'exercice,

➡ **LIS LE N° 6.**

4

Tu t'es trompé(e) ! Observe bien la place du carré et du rond. → Refais l'exercice du n° 1.

5

Au moment où Clément s'y attendait le moins, son père a encore disparu ! Pour de vrai, cette fois… C'est arrivé ! La vieille du supermarché avait raison de l'avertir ! Et il n'en a pas tenu compte !

Et si son père lui jouait un tour, une mauvaise blague ?

Clément le cherche partout. Hélas, il ne s'est pas caché dans son dos, ni sous la chaise. Il n'a pas pu changer de place non plus, le chapiteau est plein.

Inquiet, Clément regarde le magicien. Celui-ci lui sourit. Il a l'air de dire :

– Reconnais que je suis très fort ! On ne provoque pas sans risque le Grand Alzared !

Clément se ratatine sur sa chaise. Jamais il ne s'est senti aussi misérable.

Alzared prend alors la parole :

– Mesdames et Messieurs, commence-t-il,

vous avez devant vous un des magiciens les plus extraordinaires que la Terre ait jamais porté ! Je veux parler de moi-même, personnellement, le Grand Alzared, prince des envoûteurs, roi des prestidigitateurs, empereur des mages. Je viens d'exécuter mon premier tour sans que personne ne s'en aperçoive ! Personne, sauf… ce garçon, au premier rang !

Et il tend le doigt vers Clément. Les spectateurs n'y comprennent rien, le magicien leur fournit l'explication :

– Eh bien oui, Mesdames et Messieurs, ce jeune homme ne croyait pas à la magie. Pour lui prouver qu'il se trompait, j'ai fait disparaître son père !

– C'est vrai, confirme quelqu'un. Le gosse n'était pas tout seul, un homme l'accompagnait. Quand la lumière s'est rallumée, il avait disparu.

– Plus là ! crie tout à coup une voix que Clément reconnaît instantanément. Pfuitt, disparu, envolé, volatilisé !

Qui se cache derrière cette voix ?

Pour le savoir, indique à quels temps sont conjugués les verbes des phrases ci-dessous en mettant des croix dans le tableau :

	Passé	Présent	Futur
1. Clément regarde le magicien.			
2. Son père réapparaîtra.			
3. Il ne croyait pas à la magie.			

Si tu as trouvé : 1. Présent, 2. Futur, 3. Passé,
➡ LIS LE N° 3.
Si tu as trouvé autre chose, ➡ LIS LE N° 2.

mémo 9

6

Il fallait ranger les tickets dans cet ordre : 301-325-423-425-492-532. Pour ne pas te tromper, compare d'abord les centaines, puis les dizaines et enfin les unités. → Maintenant, lis le n° 8.

7

Non, un carré a quatre côtés de même longueur. Ici, tu as un rond dans un rectangle. → Refais l'exercice du n° 1.

8

Le cœur battant, Clément se cale sur son

siège. Il est bien décidé à observer les tours du magicien. Il veut comprendre tous ses trucs.

Alzared commence par sortir d'une boîte une dizaine de foulards blancs qui, d'un coup, deviennent rouges, puis verts, puis jaunes.

Le magicien transforme ensuite un simple bâton en canne, puis en parapluie !

Il enferme un œuf dans sa main et quand il

la rouvre, une colombe s'envole jusqu'au sommet du chapiteau !

Chacun de ses tours est plus extraordinaire que le précédent. « Si seulement je pouvais savoir comment il fait ! » rêve Clément.

Perdu dans ses pensées, il n'entend pas le magicien qui lui parle.

Son père lui donne un coup de coude, et Clément voit le magicien qui s'approche. Alzared lui pose une main sur l'épaule. Clément sursaute et manque de tomber de sa chaise.

– Eh bien Clément, car c'est bien ainsi que tu t'appelles, n'est-ce pas ? déclare le mage.

Il parle et sa voix résonne sous le chapiteau pour revenir en écho.

– C'est exact, répond Clément, impressionné par Alzared.

Les gens applaudissent. Pour se rassurer, Clément se dit : « Facile, le coup du prénom. Il l'a deviné grâce à l'annonce d'Obi, comme Esméralda. »

– J'ai besoin d'un assistant, déclare Alzared. Cela te plairait de m'aider ?

Son père l'encourage. Clément hésite puis finit par se lever.

Il franchit la marche pour entrer en pleine lumière en compagnie du mage qui lui tient la main. Il se demande s'il a bien fait d'accepter.

Que va-t-il arriver à Clément ?

Pour le découvrir, trouve parmi les animaux ci-dessous ceux qui ne pondent pas d'œufs :

les reptiles - les poissons - les mammifères - les insectes

Écris ta réponse :

C'est ton SEPTIÈME INDICE. N'oublie pas de le noter sur ta page-indices, p. 95. Maintenant, va vite au chapitre suivant pour connaître les nouvelles péripéties de Clément !

mémo 20

8

Apprenti magicien

1

Clément doit pourtant bien reconnaître que c'est extraordinaire de se retrouver là, propulsé au centre de la piste. Les spectateurs l'applaudissent avec ardeur. Certains crient même :

– Hourra ! Vive Clément ! Bravo ! Quelle chance il a !

Clément ressent ce que ressentent les artistes. Il a le trac ! Ses genoux flageolent, sa bouche devient toute sèche. Il frissonne des pieds à la tête : il a peur et, en même temps, il est fou de joie !

Il réussit à sourire à son père et au public.

À cet instant, le Grand Alzared prend à témoin toute l'assistance.

– Cet enfant semble doué pour le spectacle, ne trouvez-vous pas ? Mais savez-vous pour-

quoi il a accepté de me suivre ? ajoute-t-il de sa voix puissante.

– Parce que vous l'avez ensorcelé ! crie une femme, non loin de Clément.

Et dans les gradins, un garçon renchérit :

– Vous l'avez hypnotisé avec le serpent du turban !

Clément regarde plus attentivement le bijou qui orne le turban d'Alzared. Le serpent, lové sur lui-même, a une tête triangulaire et deux petits yeux d'émeraude. Sa langue pointe, menaçante.

– Plus là, pfuitt, disparu, envolé, volatilisé ! crie de nouveau la vieille dame.

Clément sent ses genoux vaciller. Et si c'était vrai ? Si Alzared l'avait hypnotisé et ne l'attirait là que pour le faire disparaître ?

– Silence ! tonne le magicien. Hypnotisé ? Franchement, ce garçon a-t-il le moins du monde l'air hypnotisé ? La vérité est qu'il ne croit pas à la magie. Mais maintenant qu'il a découvert mes grands pouvoirs, à moi de lui prouver qu'elle existe !

Le garçon écoute en silence.

Alzared prend un air plus solennel :

– Eh bien, Clément va donc avoir le privilège, la chance et l'immense honneur de… me faire disparaître !

Un frisson de stupeur parcourt le public. Clément blêmit.

Clément va-t-il relever le défi ?

Pour le découvrir, résous cette énigme.

Je suis un nombre magique :
j'ai 5 dizaines, 9 centaines, et le chiffre de mes unités est plus petit que 9.
Qui suis-je ?

A = 597 B = 959 C = 957

Si tu as répondu A, → LIS LE N° 5.
Si tu as répondu B, → LIS LE N° 3.
Si tu as répondu C, → LIS LE N° 6.

mémo 10

2

Fais bien attention la prochaine fois ! Ici, les mots soulignés sont des verbes : ce sont les mots qui indiquent l'action qui est faite. Le sujet est celui qui fait l'action. Ex. : *Les spectateurs* ***(sujet)*** *applaudissent* ***(verbe).*** → *Maintenant, lis le n° 7.*

3

Tu t'es trompé(e) ! Le chiffre des unités doit être plus petit que 9. → *Refais l'exercice du n° 1.*

4

Quand la lumière se rallume… Clément se retrouve seul au milieu de la piste !

– Plus là, pfuitt, disparu, envolé, volatilisé ! ricane la vieille perruche.

Plus personne ne bouge. Pas un bruit. Le public est pétrifié, tétanisé. Chacun regarde Clément. Qu'a-t-il fait d'Alzared ?

Clément n'en revient pas lui-même. Il a fait disparaître le magicien !

La panique le prend tout à coup. Et maintenant ? Comment le fera-t-il revenir ?

Soudain, à l'opposé de la piste, une voix s'élève :

– Cet enfant est extraordinaire ! Il mérite vos applaudissements.

C'est… Alzared, bien sûr, qu'un projecteur vient cueillir dans son rond de lumière. Les spectateurs applaudissent à tout rompre.

Extraordinaire ! Comment le magicien a-t-il pu en quelques secondes passer de la piste à

l'entrée du chapiteau ? Même en courant aussi vite qu'un champion olympique du 100 mètres, c'est impossible ! Et il n'est même pas essoufflé !

Alzared rejoint Clément en pleine lumière.

– Encore bravo, jeune homme ! Mais le spectacle touche à sa fin. Si tu le veux bien, j'aimerais récupérer mon turban.

Et tandis que Clément défait la bande de tissu et la lui rend, Alzared demande une nouvelle fois au public d'applaudir le jeune garçon.

Clément salue d'un côté, de l'autre. Jamais il ne s'est senti aussi heureux. Pourtant, il remarque quelque chose sur le crâne lisse d'Alzared, et il comprend tout !

À quoi pense Clément ?

Avant d'avoir la solution de l'énigme, lis les mots soulignés dans le texte ci-dessus.

Dans chaque phrase, le mot souligné est-il :

1. le sujet ? 2. le verbe ?

Si tu as choisi la réponse 1, → Lis le n° 2.
Si tu as choisi la réponse 2, → Lis le n° 7.

mémo 7

5

Attention ! Trouve d'abord le chiffre des centaines, puis celui des dizaines et enfin celui des unités.
→ *Refais l'exercice du n° 1.*

6

– Co-co-comment ? bredouille-t-il. Moi, vous faire disparaître ?

– Exactement ! Et pour cela tu as besoin de ressembler à un magicien…

Le Grand Alzared commence à dérouler son turban. Clément regarde apparaître le crâne lisse du magicien. Il sursaute tout à coup, comme piqué par une aiguille : pas de balafre, pas la moindre cicatrice au-dessus de l'oreille gauche !

Alzared entoure maintenant la tête de Clément avec le tissu.

– Et voilà, fait-il en fixant la broche en forme de serpent. Ce jeune homme n'a-t-il pas l'air à présent d'un vrai magicien ?

– Et les moustaches ? s'écrie quelqu'un.

– Désolé ! soupire Alzared. Je ne peux tout de même pas lui donner les miennes.

– Si, vous le pouvez, lance Clément. Je suis sûr qu'elles sont fausses !

– Fausses ? Mes moustaches ? s'indigne le mage. Tire donc dessus pour voir !

Clément ne se fait pas prier.

– Aïe ! crie le magicien.

Et Clément doit se rendre à l'évidence : ce sont de vrais poils plantés dans la peau.

Décidément : pas de cicatrice et de vraies moustaches… Même s'ils se ressemblent beaucoup, le magicien et l'homme du parking ne sont pas la même personne.

– Bien, reprend le Grand Alzared. Maintenant que tu as à peu près l'air d'un magicien, excepté les moustaches, il est temps pour toi de prononcer la formule magique.

– La formule magique ? répète Clément, abasourdi. Mais je ne la connais pas !

– Aucune importance ! À toi de l'inventer. N'importe quelle formule fera l'affaire, à condition que tu y croies. Veux-tu, oui ou non, me faire disparaître ?

– Oui ! répond Clément avec conviction.

– Je n'entends rien !

– Oui, répète plus fort Clément, encouragé par le public.

– Alors, à toi de jouer, mon garçon !

Clément se concentre un instant et ferme les yeux. Enfin, il prononce la première formule qui lui vient à l'esprit :

– Alazarédi, Alazaréda… Magicien, envole-toi !

Il a presque envie d'éclater de rire en disant cela, c'est nerveux. Il est sûr que ça ne marchera pas, et il se sent un peu ridicule.

Mais une explosion retentit et la lumière s'éteint.

Clément a-t-il réussi à faire disparaître Alzared ?

Pour le savoir, compte combien de fois est écrit le mot « magicien » dans le texte du n° 6.

Recopie ta réponse :

C'est ton HUITIÈME INDICE. N'oublie pas de le noter sur ta page-indices, p. 95.
Maintenant, **➡ LIS LE N° 4.**

7

Si tu veux connaître la fin de cette palpitante histoire, rends-toi vite au dernier chapitre !

Lequel des deux ?

1

Clément et son père ne veulent pas repartir tout de suite. Le père de Clément tient à remercier le Grand Alzared pour les places gratuites. Il veut aussi le féliciter pour la qualité des numéros.

Tout excité, Clément tâche de le convaincre :

– Mais de quel Alzared parles-tu ? Il y en a deux : le premier, celui qui n'avait pas de balafre, a profité du noir pour se cacher derrière le rideau de scène quand je l'ai fait disparaître. Et c'est le deuxième qui est revenu par l'entrée du chapiteau !

Le père de Clément hausse les épaules :

– Qu'est-ce que tu me chantes ? C'est quoi cette histoire de balafre ? Et comment pourrait-il y avoir deux Alzared ? C'est impossible !

– Bien sûr que si, c'est possible ! Et je vais te dire comment…

Qu'est-ce que Clément a derrière la tête ?

Pour le découvrir, trouve les doubles de ces nombres.

4	5	6	7	8	9	12

Pour savoir si tu as réussi cet exercice, **→ LIS LE N° 6.**

mémo 12

2

Raté ! Tu as oublié tes retenues. → *Refais l'exercice du n° 5.*

3

– Entrez ! gronde la voix puissante du magicien. Je vous attendais !

Obi ouvre la porte de la caravane. Il s'écarte pour laisser passer Clément et son père.

Le Grand Alzared est confortablement installé dans un sofa. Il a revêtu une robe de chambre rouge foncé. Il aspire la fumée de sa cigarette qu'il rejette dans les airs en ronds parfaits.

Clément regarde tout de suite la tête du magicien, mais celui-ci se masse le crâne au-dessus de l'oreille gauche, dissimulant l'emplacement de la cicatrice.

– Le spectacle vous a plu ? demande Alzared.

– C'était… éblouissant ! répond le père de Clément. Et je tiens à vous remercier d'avoir fait participer mon fils à votre numéro.

– Ce n'est rien, ce n'est rien… Votre enfant est très doué.

En disant cela, Alzared écarte la main de son crâne. Clément observe intensément…

La cicatrice a-t-elle disparu ?

Tu le sauras si tu réponds à cette question : quelle est la partie du visage du magicien que Clément observe ?

Son crâne lisse | Ses yeux verts | Son front large

Recopie ta réponse :

C'est ton NEUVIÈME et DERNIER INDICE. N'oublie pas de le noter sur ta page-indices, p. 95. Maintenant,
➡ VA AU N° 9.

4

*Non, tu t'es trompé(e) ! En effet, la marque du pluriel est généralement le « **s** », mais pour certains mots, comme « chapiteau », c'est le « **x** ». Il fallait donc écrire : « le**s** grand**s** chapiteau**x** ». → Maintenant, lis le n° 5.*

5

– La vieille dame ! s'écrie Clément. Celle qui prédisait la disparition de mon père !

– Ah, je vois ! fait Obi.

Et le nain se met à imiter la voix de perruche :

– « Plus là, pfuitt, disparu, envolé, volatilisé ! »

Qu'est-ce qu'elle nous a cassé les pieds avec ça pendant le spectacle ! J'ai bien cru que le Grand Alzared allait finir par se fâcher et par la changer pour de bon en perruche !

La vieille dame s'éloigne vers le parking. Le père de Clément sourit :

– Elle habite non loin de mon travail. Je la rencontre quelquefois. Elle m'aime bien, je crois. Elle perd un peu la tête, mais elle n'est pas méchante.

– Mes amis, intervient Obi, permettez-moi de vous guider jusqu'à la caravane du Grand Alzared.

– Lequel ? marmonne Clément. Le balafré, ou l'autre ?

Clément va-t-il enfin résoudre l'énigme ?

Pour dénouer ce dernier mystère, trouve le résultat de ces opérations :

$$\begin{array}{r} 563 \\ +\,159 \\ \hline \end{array} \qquad \begin{array}{r} 263 \\ \times\,3 \\ \hline \end{array}$$

Si tu as trouvé 612 et 689, → LIS LE N° 2.
Si tu as trouvé 722 et 789, → LIS LE N° 3.
Si tu as trouvé d'autres résultats, → LIS LE N° 8.

mémo 13

6

Pour trouver le double d'un nombre, multiplie-le par 2 : $4 \times 2 = 8$ ou additionne-le deux fois : $4 + 4 = 8$. Voici les solutions : 8 - 10 - 12 - 14 - 16 - 18 - 24. Bravo si tu as tout juste ! → *Lis le n° 7.*

7

– Ce sont des jumeaux ! insiste Clément. Il y a deux frères Alzared : celui qui nous a donné les places et celui qui a fait le numéro !

– Tu as sans doute raison, reconnaît le père de Clément. Mais surtout ne dis rien. Les magiciens n'aiment pas qu'on devine leurs trucs.

Il se tait un instant, puis il reprend :

– Tout de même, je tiens à complimenter Alzared et à le remercier pour ce spectacle.

– Je crois que j'ai une idée ! dit Clément. Attends-moi une minute.

Clément retourne sous le chapiteau. Obi est encore là, enroulant le fil de son micro.

– Obi ! Je suis content de vous trouver. Mon

père voudrait remercier les frères Alzared. Pouvez-vous nous emmener à leur caravane ?

– Les frères Alzared ? s'étrangle Obi. Que veux-tu dire ?

Il éclate de rire soudain.

– J'ai compris… Tu ne peux pas croire qu'il ait vraiment disparu de la piste pour réapparaître à l'entrée. Et tu imagines qu'ils sont deux… Mais tu te trompes !

Obi pose son micro et le fil dans une boîte.

– C'est d'accord, soupire-t-il. Je vous accompagne, ton père et toi.

En sortant du chapiteau, ils trouvent le père de Clément en grande conversation avec quelqu'un que le garçon connaît bien…

Qui parle avec le père de Clément ?

Pour le savoir, écris le groupe nominal « le grand chapiteau » au pluriel.

....

Si tu as écrit : « les grands chapiteaux », ➡ LIS LE N° 5.
Si tu as écrit autre chose, ➡ LIS LE N° 4.

mémo 2

8

Tu t'es trompé(e) dans tes calculs ! → Refais vite l'exercice du n° 5.

9

Pas de cicatrice ! Cela fait plutôt plaisir à Clément. Cet Alzared-là n'est pas celui du supermarché.

Clément rassemble tout son courage, prend un air malin et lance au magicien :

– Vous remercierez aussi votre frère, celui qui nous a offert les places.

– Clément ! intervient son père, horriblement gêné.

Mais le Grand Alzared éclate d'un bon rire :

– Mon frère ? s'exclame-t-il. De quel frère parles-tu ? Approche, mon garçon…

Et il se penche pour que Clément puisse bien voir son crâne lisse. Puis le Grand Alzared repasse sa main au-dessus de l'oreille gauche et… fait apparaître la cicatrice ! Enfin, il repasse la main dans l'autre sens, et hop, il la fait disparaître !

Devant l'air médusé de Clément, il jubile et conclut :

– Hé oui, c'est ça la magie !

FIN

Bravo ! Puisque tu es allé(e) jusqu'au bout de cette histoire et de ses exercices, nous te proposons de nous envoyer, sur le site www.lenigme.com, la liste des indices que tu as écrits page 95 et tu pourras télécharger des surprises !

À bientôt pour une nouvelle aventure !

Table des matières

Mémento

pour t'aider à faire tes exercices

ORTHOGRAPHE

1 Savoir lire et écrire des mots

Certaines lettres comme « s » ou « c » se prononcent de différentes façons :

course piste	La lettre « s » se prononce [s].
musique chaise	La lettre « s » se prononce [z] quand elle est entourée de **deux voyelles**.
cirque avancer	La lettre « c » se prononce [s] quand elle est suivie d'un « **e** » ou d'un « **i** ».
caisse course	La lettre « c » se prononce [k] quand elle est suivie d'un « **a** » ou d'un « **o** » ou d'un « **u** ».

2 Savoir écrire le pluriel

Le plus souvent les noms et les adjectifs prennent un « s » ou un « x » au pluriel :

un grand magicien : des grands magiciens

le beau chapiteau : les beaux chapiteaux

un cheval : des chevaux   un œil : des yeux

Quand c'est plus difficile, utiliser son dictionnaire.

3 Connaître l'ordre alphabétique

Les 26 lettres de notre alphabet sont rangées dans un ordre :
ABCDEFGHIJKLMNOPQRSTUVWXYZ

• Pour ranger des mots, observer leur première lettre :
spectacle - cirque - magie
cirque - magie - spectacle

• Si les mots commencent de la même façon, repérer la lettre qui est différente :
lion - lierre - livre
lierre - lion - livre
C'est bien utile pour chercher un mot dans le dictionnaire !

4 Choisir le bon homonyme

Les homonymes sont des mots qui se prononcent de la même façon, mais qui n'ont pas la même orthographe ni le même sens :

un port

un porc

On peut s'aider du sens de la phrase pour choisir l'homonyme qui convient :
Le bateau arrive au port.
Le fermier nourrit le porc.

5 Les mots contraires

Les mots contraires ont un sens opposé.

un lion, **à gauche**

un lion, **à droite**

petit

grand

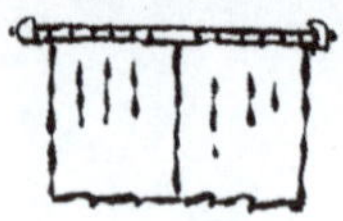

fermé

ouvert

GRAMMAIRE

6 Écrire des phrases

La phrase est une suite de mots qui a un sens :
Nous allons au cirque.

À l'écrit, on la commence avec une **majuscule** et on la termine par un **point** (., ?, !).
Est-ce que le spectacle t'a plu ?
Vive les artistes !

7 Reconnaître le verbe

Le verbe indique quelle action est faite dans la phrase :
Il joue de la trompette.
Le trapéziste vole au-dessus de la piste.

Pour le reconnaître, on change le temps de la phrase :
Il joue de la trompette. (présent)
Il joue en ce moment.

Il jouera de la trompette. (futur)
Il jouera demain.

Il a joué de la trompette. (passé)
Il a joué hier.

Le verbe est le seul mot qui change.

8 Remplacer le sujet

Clément *regarde les fauves :* ***Clément*** *applaudit.*
Pour éviter la répétition, on remplace le sujet par un pronom personnel :
Clément *regarde les fauves : il applaudit.*

Attention ! il faut choisir le pronom qui convient :
La vieille dame *parle :* ***elle*** *parle.*
(féminin singulier)

__Les lionnes__ rugissent : __elles__ rugissent.
(féminin pluriel)

__Les spectateurs__ rient : __ils__ rient.
(masculin pluriel)

CONJUGAISON

9 Reconnaître le temps de la phrase

Quand on écrit une phrase,
– elle peut être au **présent** :
Le magicien entre sur la piste.
– elle peut être au **futur** :
Le magicien entrera sur la piste.
– elle peut être au **passé** :
Le magicien est entré sur la piste.

Le verbe de la phrase change de **terminaison** à chaque temps. On peut s'aider de certains mots appelés des **indicateurs de temps** :
Maintenant, le magicien entre sur la piste.
Demain, le magicien entrera sur la piste.
Hier, le magicien est entré sur la piste.

NUMÉRATION

10 Savoir lire et écrire des nombres

On écrit des nombres avec des chiffres : 0-1-2-3-4-5-6-7-8-9.
La place des chiffres est très importante :

CENTAINES	DIZAINES	UNITÉS
9	5	3
3	5	9

953 : ce nombre a 9 **centaines,** 5 **dizaines** et 3 **unités.**
Il peut s'écrire : 900 + 50 + 3.
359 : ce nombre a 3 **centaines,** 5 **dizaines** et 9 **unités.**
Il peut s'écrire : 300 + 50 + 9.

11 Ranger et comparer des nombres

Pour ranger ou comparer des nombres, commencer toujours par le chiffre le plus à gauche :

218 - 346 - 589
236 - 286 - 290

On peut les ranger du plus petit au plus grand.
C'est l'ordre croissant :

218 < 346 < 589

On peut aussi les ranger du plus grand au plus petit.
C'est l'ordre décroissant :

598 > 346 > 218

OPÉRATIONS

12 Calculer rapidement

Il est très important de connaître les **tables d'addition** car :
– elles rendent les calculs plus faciles !
Par exemple, si on connaît 8 + 7 = 15,
on peut calculer rapidement :

18 + 7 = 10 + 15 = **25**
28 + 7 = 20 + 15 = **35**
128 + 7 = 120 + 15 = **135**

– elles permettent de réussir les additions posées.

13 Poser des opérations

On commence toujours par calculer les unités :

- l'addition :

$$\begin{array}{r} {}^{1} \\ 456 \\ +\ 158 \\ \hline 4 \end{array} \qquad \begin{array}{r} {}^{1\,1} \\ 456 \\ +\ 158 \\ \hline 14 \end{array} \qquad \begin{array}{r} {}^{1\,1} \\ 456 \\ +\ 158 \\ \hline 614 \end{array}$$

1) 6 + 8 = 14. Je pose 4, je retiens 1.

2) 5 + 5 = 10 plus la retenue 1 = 11. Je pose 1, je retiens 1.

3) 4 + 1 = 5 plus la retenue 1 = 6.

- la multiplication :

$$\begin{array}{r} 132 \\ \times\quad 5\,① \\ \hline 0 \end{array} \qquad \begin{array}{r} 132 \\ \times\quad 5\,\not{①}\,① \\ \hline 60 \end{array} \qquad \begin{array}{r} 132 \\ \times\quad 5\,\not{①}\,\not{①} \\ \hline 660 \end{array}$$

1) 5 × 2 = 10. Je pose 0, je retiens 1.

2) 5 × 3 = 15 plus la retenue 1 = 16. Je pose 6, je retiens 1.

3) 5 × 1 = 5 plus la retenue 1 = 6.

14 Choisir la bonne opération

On a besoin d'opérations pour résoudre des problèmes :

- L'addition (+) permet de calculer une **somme** de plusieurs nombres :

$$156 + 123 = 279$$

- La soustraction (–) permet de calculer une **différence** ou un écart entre 2 nombres :

$$156 - 123 = 33$$

- La multiplication (×) permet de calculer un **produit**. On l'utilise pour éviter plusieurs additions :

$$156 + 156 + 156 + 156 + 156 = 156 \times 5 = 780$$

GÉOMÉTRIE

15 Reconnaître des polygones

Le **carré** a **4 côtés** de la même longueur et **4 angles droits**.

Le **rectangle** a 2 grands côtés : les **longueurs**, 2 petits côtés : les **largeurs** et **4 angles droits**.

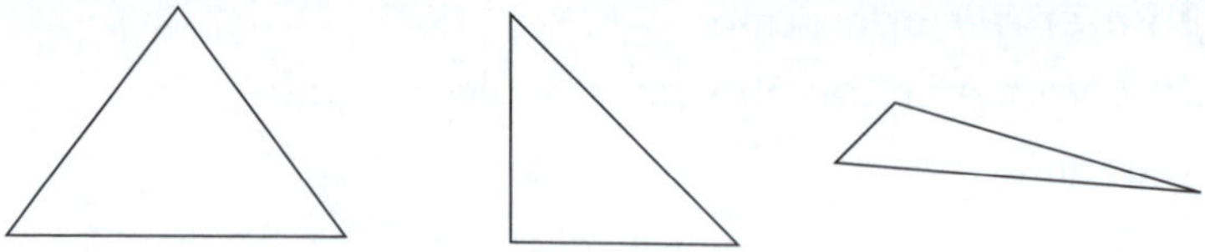

Les **triangles** ont **3 côtés** : ils peuvent être très différents.

16 Se repérer sur un quadrillage

- Pour se déplacer sur un quadrillage, on peut utiliser un code :

→ une case à droite ← une case à gauche
↓ une case vers le bas ↑ une case vers le haut

- Pour repérer une case d'un quadrillage, on la nomme par un code :

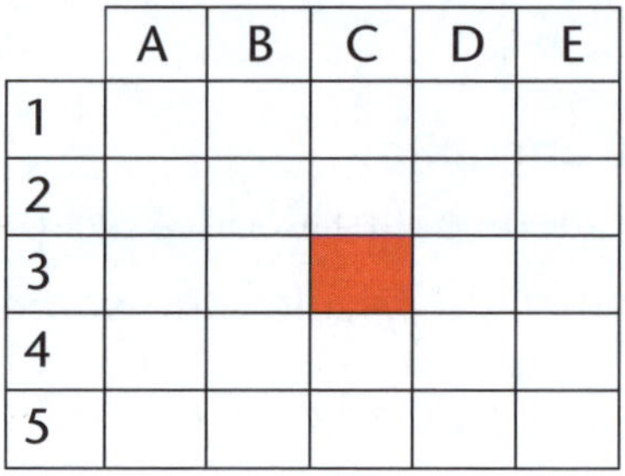

 = (C, 3)

17 La symétrie

- Une figure symétrique est une figure qui est construite de la même façon des deux côtés d'un **axe**.

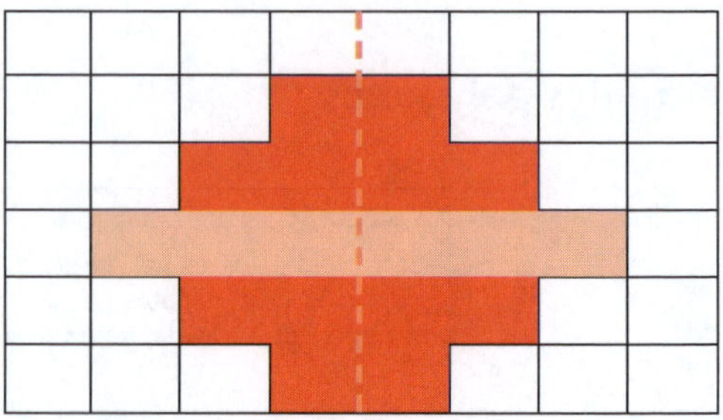

• Pour construire une figure symétrique, il faut d'abord placer **les points de repère** puis les relier.

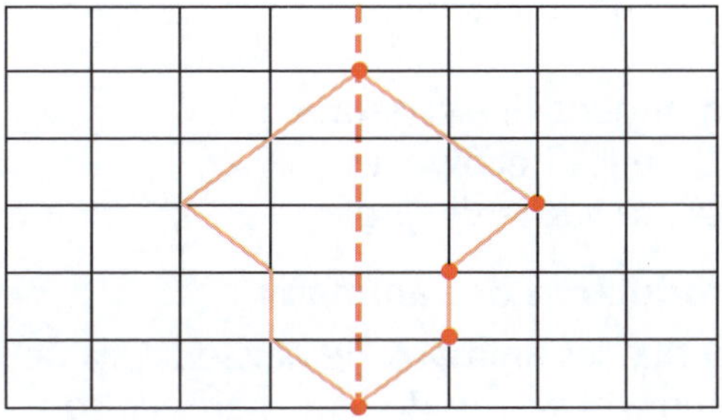

MESURES

18 Lire l'heure

La petite aiguille indique les heures :
Il est 3 heures ou 15 heures.

La grande aiguille indique les minutes :
Il est 3 h 20 min ou 15 h 20 min.

Il y a 24 heures par jour :
12 heures le matin (de 0 à 12)
12 heures l'après-midi (de 12 à 24).

Il y a 60 minutes par heure
et 60 secondes par minute.

Sciences

19 L'alimentation des animaux

Certains animaux mangent de la viande :
on les appelle les **carnivores**.
Le lion, le crocodile, le chat

D'autres mangent des végétaux :
on les appelle les **herbivores**.
Le chameau, la vache, la girafe

20 La reproduction des animaux

Tous les petits des animaux ne naissent pas de la même façon :

- S'ils sortent du ventre de leur mère, ce sont les **vivipares**.
Les lions, les chats, les vaches
- S'ils sortent d'un œuf, ce sont les **ovipares**.
Les oiseaux, les poissons et les insectes

N° d'éditeur : 10167158 - Compo 2000 - Mars 2010
Imprimé en France par I.M.E. - 25110 Baume-les-Dames

Page-indices

Mystère au cirque Alzared

du CE1 au CE2

Note ci-dessous les indices que tu as trouvés au cours de ta lecture.

Va vite te connecter sur le site

www.lenigme.com

pour nous envoyer tes indices, et tu pourras télécharger pleins de

Cadeaux !

Indice 1 : ....

Indice 2 : ....

Indice 3 : ....

Indice 4 : ....

Indice 5 : ....

Indice 6 : ....

Indice 7 : ....

Indice 8 : ....

Indice 9 : ....

Bravo ! Tu as trouvé tous les indices ! Et pour terminer, le grand Alzared a-t-il un frère, oui ou non ? ....

Tourne la page !

La collection L'ÉNIGME des vacances

Choisis ton univers !

Historique · Fantastique · Policier · Aventure · Frisson · Princesse

du CP au CE1

- Le voleur invisible
- Sophia, princesse de la mer
- Le mystère de la source

du CE1 au CE2

- La peur au bout de la laisse
- Mystère au cirque Alzared
- Attention ! Dauphins en danger
- Pas si désert que ça !
- Menace sur Madagascar

du CE2 au CM1

- Le labyrinthe des dragons
- Les fantômes de Glamorgan
- La plage du Prince Blanc
- Le phare de la peur
- Montagne explosive !
- Menaces sur la finale de foot

du CM1 au CM2

- Le voleur de papyrus
- L'œil de feu
- Le sortilège de la pleine lune
- Parfum de vacances
- La carrière interdite
- Feu mystérieux en Australie

du CM2 à la 6e

- Le trésor des Templiers
- Panique à la Pop Academy
- La forêt de l'épouvante
- À la recherche de la cité perdue
- Eaux troubles à Venise

de la 6e à la 5e

- Le secret du Titanic
- Drôle de trafic
- La cinquième fourchette

de la 5e à la 4e

- *Operation Blue Lagoon* (en anglais)
- Le saut de l'ange
- *The Captain is Missing!* (en anglais)

de la 4e à la 3e

- *Murder in West Park* (en anglais)

Retrouve-nous sur le site : www.lenigme.com